A BÍBLIA EXPLICA
Como Estudar a Bíblia

DAVID PAWSON

ANCHOR RECORDINGS

Copyright © 2018 David Pawson

COMO ESTUDAR A BÍBLIA
STUDYING THE BIBLE

Os direitos autorais referentes a este livro são assegurados a David Pawson, de acordo com a Lei de Direitos Autorais, Desenhos Industriais e Patentes de 1988 (Reino Unido).

Uma publicação da Anchor Recordings Ltd
DPTT, Synegis House, 21 Crockhamwell Road,
Woodley, Reading RG5 3LE, UK

Todos os direitos reservados.

Nenhuma parte desta publicação pode ser reproduzida ou distribuída, em qualquer forma ou por quaisquer meios, sejam eles eletrônicos ou mecânicos, incluindo fotocópias e gravações, ou por qualquer sistema de armazenamento e recuperação de informações, sem autorização prévia, por escrito, da Editora.

Para obter outros materiais de ensino de David Pawson, inclusive DVDs e CDs, acesse
www.davidpawson.com

PARA DOWNLOADS GRATUITOS
www.davidpawson.org

Mais informações pelo e-mail
info@davidpawsonministry.com

ISBN 978-1-911173-73-1

Esta publicação baseia-se em uma palestra. Por originar-se da palavra falada, muitos leitores considerarão seu estilo um tanto diferente do meu modo costumeiro de escrever. Espero que isto não venha a depreciar a essência do ensino bíblico encontrado aqui.

Como sempre, peço ao leitor que compare tudo o que digo ou escrevo ao que se encontra registrado na Bíblia, e, caso perceba um conflito em qualquer ponto, sempre fie-se no claro ensino das Escrituras.

David Pawson

A BÍBLIA EXPLICA
Como Estudar a Bíblia

Gostaria de começar com quatro perguntas que você pode responder para si mesmo. A primeira delas: você crê que a Bíblia é a palavra de Deus? Segunda pergunta: você crê que a Bíblia é o livro mais importante que se pode ler? Terceira: você já leu a Bíblia – não apenas pequenos trechos, mas toda ela – do começo ao fim? Quarta pergunta: há outro livro que você tenha lido de capa a capa? E agora, antes de responder a esta pergunta, pense com cuidado, pois Deus será testemunha de sua resposta. Última pergunta: você tem intenção de ler toda a Bíblia?

Se você ler três capítulos por dia e cinco capítulos a cada domingo, concluirá a leitura de toda a Bíblia em doze meses – eis uma boa meta. Eu tenho de admitir que, no primeiro contato, a Bíblia é um livro de difícil leitura. Tenho a impressão de que, logo de cara, seu tamanho desanima. São 750 mil palavras.[1] Raramente lemos livros tão extensos. É um número excessivo de palavras para um único livro.

Ainda tenho a Bíblia que ganhei aos seis anos de idade: a menor que existia na época, pequena o bastante para caber em uma caixa de fósforos. Tem encadernação em couro e até figuras, e, aos seis anos, eu conseguia lê-la com meus próprios olhos. Hoje, isso não é possível, mas a pequena lupa presente na primeira capa ajuda na leitura. Tenho também "a menor Bíblia do mundo", um pequenino pedaço de microfilme, do

---

[1] Nota de Tradução: Média de palavras em inglês – diferentes versões da Bíblia.

tamanho de um selo postal, no qual se encontra toda a Bíblia – uma forma prática de levar a Bíblia no bolso – cada ponto corresponde a um capítulo completo que pude ler com a ajuda de um microscópio que ampliava a imagem 200 vezes. A única desvantagem é que você também precisa levar o microscópio!

Na verdade, a Bíblia é um livro extenso e sua leitura completa exige muito tempo. No entanto, as mais de mil páginas e a cansativa impressão em duas colunas, como dos jornais, não representam o maior problema. Até foram produzidas Bíblias ilustradas para os que apreciam ver apenas as imagens, mas elas não são de grande ajuda. O maior problema é o abismo cultural existente entre nós e a Bíblia. Ela foi escrita há, no mínimo, dois mil anos, a muitos quilômetros de distância, em uma cultura totalmente diferente; e isso traz dificuldades. Lemos uma Bíblia que é muito diferente do jornal que lemos diariamente. Você já teve a curiosidade de saber o que aconteceu com os amorreus? O tema sequer passou pela sua mente? Estamos simplesmente desconectados; vivemos em um mundo diferente. Não havia telecomunicações ou qualquer coisa semelhante ao que temos hoje – televisão, carros, nada disso – era um mundo diferente. Uma cultura diferente. Como vamos ler a Bíblia?

E então você se depara com as genealogias. Os nove primeiros capítulos de 1Crônicas, por exemplo, resumem-se a uma sequência de nomes – o que nos dá a impressão de que, durante séculos, tudo o que as pessoas fizeram foi "gerar" – fulano gerou sicrano, que gerou beltrano, etc. É como ler a lista telefônica, alguém se anima? Em nossa igreja, decidimos ler a Bíblia toda de forma ininterrupta e em voz alta – para isso, foram necessárias oitenta e duas horas e meia. Fizemos em menor tempo do que outros, pois a média de leitura de toda a Bíblia em voz alta é de 84 horas. Começamos na noite de domingo e concluímos no café da manhã da quinta-feira. Alguém precisou ler todos aqueles nomes de Crônicas e, certamente, foi entediante, e tratava-se apenas de uma entre as várias genealogias encontradas da Bíblia.

A Bíblia é um livro de história

Eu compreendo, portanto, aqueles que acham difícil ler e estudar a Bíblia. Que tipo de livro é esse? Bem, à primeira vista, é um livro de história. Mas é um livro de história bastante peculiar, pois se distingue de todos os livros de história encontrados em uma biblioteca pública. A diferença é esta: além de começar antes de qualquer outro livro de história no mundo, também termina bem depois. Começa no início do nosso universo e termina com o fim do nosso universo e o início de outro. Nenhum livro de história é tão abrangente quanto a Bíblia. Isso significa, então, que devemos lê-la como um livro de história qualquer? Não. Infelizmente, os livros da Bíblia não seguem a ordem cronológica, e os livros Proféticos foram organizados por ordem de tamanho, do maior para o menor, simplesmente desconsiderando-se o momento em que foram escritos. Desse modo, temos Isaías, Jeremias e Ezequiel primeiro e então a sequência dos livros menores até o final.

O mesmo tipo de organização foi aplicado nas cartas de Paulo. Qual foi sua carta mais longa? Romanos. E a mais curta? Filemom. Colocaram, então, Romanos em primeiro lugar e Filemom por último, alterando completamente a ordem cronológica. Na realidade, há pessoas que leem a Bíblia meramente como história. Muito me impressiona o texto do acadêmico David Rohl. Rohl não é crente, mas, com base em sua pesquisa arqueológica, hoje está plenamente convencido da exatidão do Antigo Testamento, chegando a afirmar que, do ponto de vista histórico, trata-se do livro mais fidedigno que existe. Muito impressionado, Rohl estudou todas as pistas presentes no capítulo 2 de Gênesis e até localizou o jardim do Éden para nós. Quando encontrou ali um lindo vale cercado de colinas, descobriu que ainda estava repleto de árvores frutíferas. Não é interessante? É possível que, sem saber, você tenha comido frutas daquele vale. Portanto, algumas pessoas – David Rohl entre elas – leem a Bíblia meramente como um livro de história.

A Bíblia é um romance

Também é possível afirmar que a Bíblia seja um romance – um livro sobre o amor. Na verdade, se abrirmos a Bíblia bem ao meio, encontramos Cânticos dos cânticos [ou Cantares de Salomão], uma canção de amor erótico que jamais menciona Deus, oração, salvação ou qualquer outro tema espiritual – no entanto, encontra-se na Bíblia. Toda a Bíblia é um grande romance, mais precisamente, a história de um Pai em busca de uma noiva para seu Filho. O tema é bastante romântico e, como todo bom romance, termina com o casamento no capítulo final. Sempre achei curioso que as histórias românticas terminassem com a frase: "... casaram-se e viveram felizes para sempre". Conta-se que, graças a um erro de impressão, na última frase de um livro lia-se: "...casaram-se e viveram felizes quase sempre", possivelmente algo mais próximo da realidade. Em nossa Bíblia, mesmo assim, a última cena é a do casamento. Jesus autodenomina-se noivo e a igreja é chamada de noiva. A Bíblia, do início ao fim, fala de um único grande romance.

Uma biblioteca de livros

A Bíblia, contudo, tem passagens que não se encaixam nessa categoria. Na realidade, a Bíblia não é um único livro, mas uma biblioteca com 66 livros, e essa é uma das informações mais importantes que posso lhes dar. Não se trata de *um* livro somente – o próprio nome *biblia* tem originalmente o sentido plural, cujo significado é "livros". Trata-se de uma biblioteca com livros individuais, cada um deles distinto dos outros 65, e somente quando você descobre a natureza de cada livro é que começa a ter uma melhor compreensão da Bíblia como um todo. Insisto que você leia um livro da Bíblia por vez e que não prove um pouco daqui e de lá, lendo trechos diversos – mas que trate cada livro como um livro único. Deus nos concedeu sua palavra através de livros e, portanto, é assim que ele deseja que a leiamos. A leitura de cada livro, individualmente, influencia toda a sua compreensão da Bíblia. Esta é a razão pela qual escrevi A Chave para Entender a Bíblia: ajudar as pessoas a ler um livro de cada vez. Vou lhes contar a história de como o escrevi.

Fui procurado pelos pastores de uma pequena cidade do vale do rio Tâmisa, na Inglaterra, que me disseram: "David, os membros de nossas igrejas não estão estudando a Bíblia. Eles vêm à igreja e ouvem as pregações; cantam – apreciam muito a música e o canto – mas não leem a Bíblia em casa, individualmente. Você pode fazer algo a respeito?". Concordei em fazer uma tentativa e disse-lhes que iria uma noite de domingo por mês, durante quatro meses. Em cada uma daquelas quatro noites eu lhes falaria a respeito de um livro da Bíblia, e meu objetivo seria despertar nos ouvintes tal interesse pelo livro que todos ficariam ansiosos para lê-lo em casa. No entanto, eu iria somente com a condição de que todos lessem o livro antes e depois da minha visita, que todos os pastores das igrejas baseassem seus sermões naquele mesmo livro no mês seguinte e todos os pequenos grupos nas casas estudassem o livro durante o mês seguinte, para que, ao final de um mês, todos pudessem afirmar que, de fato, conheciam aquele livro em especial.

Meu objetivo era duplo: despertar o interesse pela leitura de modo que as pessoas mal pudessem esperar para ler o livro e também oferecer-lhes informações suficientes – o contexto e as percepções sobre o texto – para que se empolgassem com sua capacidade de compreendê-lo.

Sendo assim, fui na primeira noite e nas outras três e, ao

final, disse: "Agora vocês conhecem quatro livros". Todos os pastores, então, me procuraram novamente e disseram: "David, queremos que você reserve datas para os próximos seis anos". Respondi que em seis anos eu estaria no céu. Mas foi o que fizemos, e uma vez por mês, durante seis anos, falei ao pequeno grupo de igrejas, conduzindo-as por um dos livros da Bíblia. Usei gravuras, gráficos, mapas e maquetes – qualquer coisa que despertasse seu interesse pelo livro, e tudo foi registrado – em áudio apenas – e as gravações se espalharam rapidamente. Imediatamente, porém, comecei a receber reclamações de que o áudio não permitia ver as gravuras e os gráficos, as maquetes ou os mapas mencionados nas palestras. Então alguém me procurou e disse que eu teria de fazer tudo novamente, porém, dessa vez, em vídeo. "Ah", eu disse, "Não consigo fazer isso!". No entanto, fui persuadido e passei os anos seguintes discorrendo mais uma vez sobre toda a Bíblia – livro após livro – e incluindo nos vídeos o material que havia usado. Ao final de tudo, suspirei de alívio e pensei: "Acabou!".

Pouco tempo depois, um dos principais editores de Londres entrou em contato e disse: "David, tudo isso precisa ser registrado em um livro". Eu respondi: "Ah não! Não consigo fazer tudo aquilo novamente!". Indicaram, então, um profissional que iria transcrever e formatar os áudios. Eu editaria o material aprimorando alguns pontos. Foi assim que *A Chave para Entender a Bíblia* foi escrito. O livro, portanto, foi escrito durante um período de doze a quinze anos. É fruto da iniciativa de alguns pastores em busca de ajuda para que os membros de suas igrejas lessem a Bíblia. Hoje, para mim, isso é passado.

Como estudar a Bíblia
E como devemos estudar a Bíblia? Preciso começar dizendo como não fazê-lo. As pessoas leem a Bíblia de maneiras

diversas. Uma delas eu costumo chamar de "caixinha de promessas". Sabem o que quero dizer? É impressionante o número de adeptos desse método – como certo homem que abriu a Bíblia aleatoriamente em um versículo e leu: "Judas foi e enforcou-se". Mais que depressa, o homem abriu a Bíblia em outra passagem e, aleatoriamente, outra vez, leu o texto: "Vá e faça o mesmo". Não é assim que a Bíblia deve ser lida.

Algumas pessoas tratam a leitura bíblica como se fosse uma dose medicinal – "Doze versículos por dia e o diabo se distancia". Por isso leem religiosamente sua porção diária, apenas para que o diabo não se aproxime. Outros leem a Bíblia como se lessem um horóscopo – a previsão dos astros. Esperam que o texto se ajuste perfeitamente às suas experiências do dia. Não tente ler a Bíblia assim. Pode até ser que funcione às vezes, mas não era plano de Deus que você lesse a Bíblia dessa forma, apenas selecionando um versículo que se adaptasse à sua situação. Certo jovem executivo me procurou e disse: "David, estou pensando em comprar uma loja no centro da cidade para transformá-la em um café com o objetivo de evangelizar jovens. Pedi ao Senhor que me orientasse se eu deveria seguir adiante com a ideia e encontrei um texto em minha leitura diária que dizia: 'Vou abrir as comportas dos céus e derramar sobre vocês tantas bênçãos que nem terão onde guardá-las' – você acha que Deus está me dando a confirmação de que devo comprar a loja?". Eu lhe respondi: "Não. Se ele não for mais específico do que isso, não gaste seu dinheiro". Mas as pessoas conseguem encontrar uma única palavra que lhes fala ao coração. Para minha surpresa, Deus também usa essa tática. Eu não o faria, mas é assim que ele age às vezes.

Tenho um amigo que, há muitos anos, gastou 3.800 libras em um avião de segunda mão. Durante sua leitura devocional, encontrou o seguinte versículo no livro de Apocalipse: "Então vi outro anjo, que voava pelo céu e tinha na mão o Evangelho eterno para proclamar aos que habitam na terra, a toda nação, tribo, língua e povo". Ele entendeu o texto como uma mensagem de Deus e, como resultado, seu primeiro avião tornou-se o início da força aérea missionária *Missionary Aviation Fellowship*[2], que hoje atua em todo o mundo. Meu primeiro voo foi naquele avião. Devo admitir que, embora o versículo se referisse a um anjo e não a um avião, meu amigo recebeu aquelas palavras como orientação de Deus e Deus honrou aquela missão. Isso aconteceu logo após a Segunda Guerra Mundial. Os primeiros tripulantes daquele avião ainda vivem, e mantenho contato com eles até hoje. Essa, no entanto, não é a maneira como Deus costuma nos guiar, e até podemos encontrar algum versículo que se encaixe em nossa situação, mas nem sempre se trata de uma confirmação da parte de Deus.

Muitos tentam usar os comentários de algum grande pregador. Não posso garantir, mas receio que, se você usar comentários bíblicos, passará a ler mais os comentários do que a própria Bíblia. Fará a leitura bíblica diária e então estudará os comentários sobre o tema. Meu desejo é que todos estudem a Bíblia e não os comentários sobre ela. Seria como receber tudo mastigado. Quero encorajar as pessoas a mergulhar na Bíblia e descobrir por si mesmas os seus tesouros. Por isso, meu livro *A Chave para Entender a Bíblia* não substitui a leitura bíblica – longe disso – mas o conduz a ela. Recebo muitas cartas e telefonemas de pessoas que confessam: "Agora tenho prazer em ler a Bíblia". Essa é a melhor recompensa que eu poderia ter.

Portanto, há formas de ler a Bíblia e formas de não fazê-lo. Meu conselho é que você trate a Bíblia como uma biblioteca e leia um livro inteiro por vez. Que outro livro você trata da forma como trata a Bíblia? Se tivesse em mãos um dos livros de Agatha Christie, você começaria lendo um parágrafo

---

[2] No Brasil, o ministério é conhecido como Asas de Socorro.

do capítulo 13 para depois voltar ao capítulo 5 e ler outro pequeno trecho? Se lesse passagens aleatórias de um livro, você jamais entenderia a mensagem que ele traz. Ao ler a Bíblia, é necessário que você leia um livro por vez e o leia do começo ao fim; e, antes de começar a estudar qualquer passagem bíblica, descubra a resposta à pergunta: por que esse livro foi escrito? Assim que encontrar a resposta, você terá a chave para destravar a mensagem de todo o livro e o verá de forma diferente. Até que tenha essa resposta, você pode ler breves trechos e eles simplesmente não farão sentido da maneira como Deus planejou. É possível que você entenda um versículo ou uma passagem isolada, mas eles foram compilados em um livro por uma razão.

A Bíblia foi dividida
Vamos voltar agora ao que chamo de "uma pulga atrás da orelha", um incômodo persistente. A divisão da Bíblia em capítulos e versículos numerados nunca foi inspirada ou ordenada por Deus. Durante séculos, os livros da Bíblia não tiveram numeração de capítulos e versículos. O leitor identificava o texto pelo contexto. Não era possível procurar uma referência. Naqueles primeiros dias, portanto, eles "examinavam as Escrituras". Não fazemos isso hoje. Nós procuramos/consultamos o texto, e não sou o tipo de pregador que diz: "Abra sua Bíblia em Ezequias 3.16" (que, na realidade, não existe, você sabe disso). Certa vez, eu disse essa frase em uma reunião, e, de fato, uma pessoa abriu a Bíblia e começou a folheá-la, dizendo: "Onde fica Ezequias 3.16?". Eu expliquei que o texto dizia: "Não irás ao cinema no sábado", e eles continuaram tentando encontrar a referência. Você entende o que eu quero dizer com isso?

Eu não os instruo a procurar o capítulo tal e o versículo tal. Apenas sigo o hábito dos apóstolos, que diziam: "Você encontrará essas palavras em Isaías", e era necessário que lessem todo o livro para localizar o trecho a que os apóstolos se referiam, e isso era bom! A propósito, você sabia que Deus assobia? Tinha conhecimento disso? A informação aparece duas vezes no livro de Isaías, mas não vou lhe dizer as referências porque Deus não queria a sua palavra dividida em capítulos e versículos. Mas, então, como os números foram adicionados? Bem, os capítulos surgiram, infelizmente, graças a um arcebispo de Cantuária. Seu nome era Stephen Langton – posso até precisar o ano (1205). Ele decidiu dividir a palavra de Deus em capítulos e dedicou muito tempo a essa tarefa.

Essa, portanto, é a razão pela qual a Bíblia foi dividida em capítulos, sendo que algumas dessas divisões encontram-se no pior lugar possível, separando o que Deus planejou que fosse uma única passagem. Vou lhe dar quatro exemplos. No livro de Gênesis, os seis dias da criação estão no capítulo um, porém o sétimo dia encontra-se no capítulo dois, embora devesse estar com os anteriores. Langton inseriu ali uma divisão de capítulos e separou o sétimo dia da criação dos outros seis. Outro exemplo é um de nossos capítulos favoritos: Isaías 53. Trata-se de um poema a respeito do servo sofredor de Deus, que padece pelos pecados de seu povo, e seu magnífico texto diz: "Ele foi transpassado por causa das nossas transgressões, foi esmagado por causa de nossas iniquidades; o castigo que nos trouxe paz estava sobre ele, e pelas suas feridas fomos curados". Você conhece o capítulo, trata-se de um cântico. O capítulo 52, contudo, tem os primeiros versos do cântico, que raramente são lidos juntamente com o capítulo 53. Os primeiros versos de um cântico são essenciais – eles definem o tom, o tema, e servem como uma apresentação. No entanto, todos leem Isaías 53 sem o final de Isaías 52.

Veja agora dois exemplos do Novo Testamento: um deles está em Atos 18 e 19. No início do capítulo 19, Paulo chega a Éfeso e encontra alguns discípulos cristãos, mas sente que algo lhes falta, então pergunta: "Vocês receberam o

Espírito Santo quando creram?". Eles responderam: "Não, nem sequer ouvimos que existe o Espírito Santo". Como é possível que discípulos cristãos não conhecessem o Espírito Santo? Bem, isso é possível. Hoje isso é bastante comum, mas por que havia discípulos cristãos em Éfeso que nunca haviam ouvido a respeito do Espírito Santo? A resposta é que eles haviam sido instruídos por um pregador chamado Apolo, homem culto e com grande conhecimento das Escrituras – Apolo conhecia a Bíblia, somente o Antigo Testamento estava disponível naquele tempo, conhecia Jesus e falava sobre ambos, mas jamais lhes falara a respeito do Espírito Santo, pois ele mesmo não o conhecia. Tudo isso no capítulo 18! Portanto, você jamais entenderá o capítulo 19 se não ler primeiro o capítulo 18.

O maior e pior exemplo da divisão de capítulos está em Apocalipse. Há muitos grupos de sete no livro de Apocalipse: são sete igrejas e sete cartas a elas endereçadas, e cada uma das cartas tem sete partes. Mais adiante, no livro de Apocalipse, lemos sobre os sete selos, as sete trombetas e, em seguida, as sete taças da ira derramadas sobre a terra. Todos pensam que a sequência de setes tenha terminado, mas não é verdade. O livro termina com sete visões que estão relacionadas a todos os grupos de sete anteriores, mas as passagens raramente são lidas em conjunto, pois estão divididas em três capítulos: 19, 20 e 21. Por estarem assim divididas as passagens, os leitores não percebem que há outro sete bem no final do livro de Apocalipse, e a divisão tem produzido graves consequências. Já ouviu falar de pré-milenismo, pós-milenismo e amilenismo em relação à volta do Senhor? Essa controvérsia deve-se à divisão dessas sete visões em três capítulos – e haja debate entre os cristãos! Hoje, alguns deles afirmam: "Sou pan-milenista e isso significa que o panorama final será positivo". É uma evasiva. Certo amigo pousou no aeroporto de Belfast,

Irlanda do Norte, onde, se você é um pregador, logo exigem que se inclua em alguma categoria. Perguntaram ao meu amigo: "Você é amilenista, pré-milenista, pós-milenista ou dispensionalista?" e ele respondeu: "Essa é uma pergunta dispensável", resposta que achei muito boa.

Toda essa discussão, no entanto, surgiu após a fragmentação em capítulos da última série de sete visões. Por isso, tente esquecer os capítulos e, principalmente, ignore os números dos versículos. Esses foram acrescentados por um tipógrafo chamado Robert Stephanus. Ele foi obrigado a ir de Paris a Lyon em transporte movido por tração animal, o que tornava a viagem muito demorada. Robert trazia consigo a Bíblia já dividida em capítulos e, para matar o tempo, subdividiu os capítulos em versículos. Fez isso para nossa conveniência, mas acabou prejudicando nosso entendimento da Bíblia.

A palavra "texto" tem seu sentido totalmente alterado como resultado da numeração dos versículos. Originalmente, "texto" – o texto da Bíblia – significava toda a Bíblia. Ainda significa todo o livro – o texto do livro. Nos círculos cristãos, contudo, "texto" passou a significar uma frase em um livro, um versículo. Começamos a compartilhar textos com outras pessoas – muitas vezes fora de contexto – e acabamos perdendo seu real sentido.

Às vezes, pergunto aos ouvintes ou à congregação se eles conhecem João 3.16. Muitas mãos se erguem. Pergunto então quantos conhecem João 3.17, e geralmente são poucas as mãos levantadas. Prossigo perguntando quantos conhecem João 3.15, e o número é igualmente pequeno. No entanto, sem conhecer o versículo 15 e o versículo 17, você não consegue entender o versículo 16. A palavra mais importante do versículo 16 é "tal" [ARA] e não significa que Deus amou o mundo "tanto" ou "com tal intensidade". A palavra "tal" aqui significa "desse modo", "assim" – foi dessa forma que Deus amou o mundo. A palavra "tal" expressa que ele amou o mundo da mesma forma como fizera antes, referindo-se aos versículos 14 e 15. O que Deus fez nos versículos 14 e 15 é uma expressão de seu amor séculos antes, e então temos: "Porque Deus amou o mundo de tal maneira" – *assim, dessa mesma forma*. Quando lemos os versículos 14 e 15, descobrimos que, por causa da murmuração do povo a respeito da comida provida por ele, Deus enviou as serpentes venenosas que estavam matando o povo de Israel, e quando o povo implorou que as cobras fossem removidas, Deus disse: "Não, não removerei as serpentes. Eu lhes darei um antídoto para o veneno. Será preciso que façam algo. Quem for mordido por uma serpente deve subir o monte onde Moisés colocou uma serpente de bronze sobre uma haste e, quando assim fizer, o veneno deixará seu organismo". Então (versículo 16) ele diz: "Porque Deus amou o mundo de tal maneira que deu o seu Filho unigênito...". No versículo 14, Jesus disse: "Como Moisés levantou a serpente no deserto, assim (ou de "tal" maneira) importa que o Filho do homem seja levantado". Percebe a grande importância do contexto para a compreensão de um texto? A numeração, no entanto, indica que consideramos unicamente aquele versículo e o citamos como se o conhecêssemos na íntegra.

Vou lhe dar apenas mais um exemplo. Você já deve ter ouvido a frase: "Texto sem contexto torna-se pretexto". Veja o exemplo a seguir. Ouvi recentemente a seguinte citação: "Tudo posso naquele que me fortalece". Conhece esse versículo? Quero que pense em algo que você seja capaz de fazer somente por meio de Cristo – qualquer coisa que seja possível realizar, porque Cristo o fortalece. Você pensou em dinheiro? Não? Bem, esse versículo fala que é possível viver com o dinheiro que se recebe. Nesse versículo de Filipenses, Paulo está afirmando que aprendeu a estar contente em qualquer situação. Se receber muito dinheiro, ele está contente; se receber pouco dinheiro, ele está contente também. O oposto de estar contente é ser cobiçoso ou ganancioso, e são os gananciosos que não conseguem administrar seu dinheiro. Não é impressionante que quanto mais eles têm, mais querem ter? "A piedade com contentamento é grande fonte de lucro", afirmou Paulo. E ele sabia disso. Nas igrejas que visito na Inglaterra costumo perguntar aos ouvintes se eles têm dívidas, e um terço da igreja, em média, admite estar nessa situação. Segundo meu Novo Testamento, dever a outro é roubo. Há duas formas de roubar dinheiro – uma delas é tomá-lo de alguém, a outra é reter o dinheiro que pertence a outro. Ao endividar-se, ou seja, dever pagamentos atrasados você está roubando de outros o dinheiro que lhes pertence. Isso é grave. No meu Novo Testamento, é pecado. Mas não me entenda mal – talvez você tenha parcelas de financiamento de uma casa ou de um carro para pagar. Isso não é dívida. Dívida é quando você atrasa o pagamento e deve a alguém que não está recebendo os pagamentos, e isso é roubo.

Essa passagem – "Tudo posso naquele que me fortalece" – significa que posso viver com muito ou pouco dinheiro. Perceba que a razão pela qual ele conseguiria fazê-lo era o fato de estar contente. Algumas das pessoas mais pobres que conheci pelo mundo – moradores de rua na Índia, por exemplo – se mostravam surpreendentemente contentes. O contentamento dessas pessoas sempre foi um desafio para mim. É um grande dom estar contente com o que você tem e não cobiçar ou invejar o que a família Albuquerque, que mora no fim da rua, tem, não desejar competir com eles, não ceder ao apelo de todo comercial de TV, sentir-se contente e não desejar muitas coisas. Na Inglaterra de hoje, todos têm um estilo de vida que excede sua renda, e digo todos porque o próprio governo está endividado e faz empréstimos todos os anos. Na realidade, para que possamos manter nosso padrão de vida, o governo toma emprestado mil libras por habitante da Inglaterra. Os Estados Unidos estão no mesmo barco, com sua dívida interna nas alturas a fim de que os cidadãos preservem seu padrão de vida.

O povo britânico foi instruído por seu governo a cortar despesas, pagar suas contas e simplificar seu padrão de vida, o que gerou protestos e manifestações, pois ninguém deseja uma queda de padrão. Estamos gastando o dinheiro de nossos netos. Eles terão de pagar a conta. Acho isso cruel – roubar dos netos – mas é o que estamos fazendo. E Paulo afirma: "Tudo posso naquele que me fortalece". Quer eu receba muito ou pouco dinheiro, estou contente. Que declaração! A passagem agora não fica relevante a todos nós?

São os capítulos e versículos numerados, portanto, que nos tornaram "pessoas de passagem": citamos a passagem tal e o versículo tal e achamos que estamos citando o texto corretamente. Acreditamos ter compreendido o texto embora ignoremos os versículos que o cercam, pois podemos citar capítulo e versículo para destacar uma frase específica da Bíblia. Desculpe-me por frisar tanto esse ponto, mas, para mim, ele tem muita importância.

Voltemos agora ao que eu dizia: leia um livro da Bíblia por vez. Pare um momento e leia todo o livro até o fim antes de deter-se em qualquer ponto. Não estude primeiro pequenos trechos do livro apenas, estude-o por inteiro primeiro e certifique-se de que entendeu a razão pela qual ele foi escrito e que tipo de livro é.

Como você já deve saber, sou autor de alguns livros e posso dizer que alguns deles foram totalmente mal interpretados. Um deles, que mostra como tornar-se cristão, intitula-se *The Normal Christian Birth* [O Nascimento Cristão Normal] e foi incluído na categoria de Ginecologia pela biblioteca nacional do Reino Unido! O livro, portanto, pode ser encontrado em todas as bibliotecas, na seção de "Medicina". Recebi algumas cartas interessantes de médicos e enfermeiras, mas o livro não tem qualquer relação com ginecologia. Outro livro – *The Road to Hell* [O Caminho para o Inferno] – recebeu o seguinte anúncio em uma revista britânica: "Leia *The Road to Hell*, a autobiografia de David Pawson", e não se trata disso de forma alguma! Ao ler um livro da Bíblia, certifique-se de entender qual é seu tema principal. Veja esse exemplo simples. Há um livro na Bíblia chamado Provérbios. Curiosamente, ele está repleto de provérbios – não se trata de um livro de promessas. Teria esse nome se, de fato, fosse um livro de promessas de Deus para nós, mas não é assim. É um livro de provérbios, só isso. Embora um provérbio não seja uma promessa, praticamente todas as vezes que ouvi um pregador citar o livro de Provérbios, ele atribuía-lhe o sentido de uma promessa divina. Um provérbio nem sempre é uma verdade. É uma observação a respeito da vida que costuma ser verdadeira, porém nem sempre. Você não pode, portanto, reivindicar o que lê em Provérbios como uma promessa que se cumprirá, e se você transformar Provérbios em um livro de promessas, terá problemas reais e algumas frustrações. Vou lhe dar um ou dois exemplos. Certo versículo de Provérbios diz: "Ensina a criança no caminho em que deve andar, e, ainda quando for velho, não se desviará dele" [ARA]. Para muitos pais, trata-se de uma promessa. Muitos pais cristãos reivindicam o cumprimento dessas palavras como uma promessa. Eles educaram seus filhos no caminho cristão, mas quando os filhos se tornaram adultos, optaram por outro caminho, e a "promessa" não se tornou realidade. Acontece com bastante frequência: se você compartilhar o Evangelho com seus filhos, eles permanecerão nesse caminho. Mas nem sempre. Não é sempre assim, e há pais magoados e desapontados. Não se trata de uma promessa.

O livro de Provérbios também diz: "Reconheça o Senhor em todos os seus caminhos, e ele endireitará as suas veredas". Costuma ser uma verdade, porém nem sempre. Não é uma promessa que o Senhor conduzirá seu caminho em todo o tempo. Se você tentar reivindicar esse versículo como uma promessa, deve lembrar-se de que é um provérbio, e um provérbio é apenas um provérbio. É uma observação geral de como a vida funciona. Os provérbios servem para nos dar sabedoria, e pode haver contradições entre eles. Há dois versículos no livro de Provérbios que se contradizem diretamente, e é sensato reconhecer quando um provérbio se aplica a uma situação ou a outra, pois os provérbios lhe dão sabedoria – sabedoria geral. Com a leitura do livro de Provérbios, você será uma pessoa melhor. Uma pessoa mais sábia. Tomará decisões melhores, mas não deve esperar que os provérbios sempre funcionem. Seria um erro. Há dois ditados populares conhecidos em nossa língua: "devagar se vai ao longe" e "quem demora muito bebe água suja". Eles se contradizem, pois "devagar se vai ao longe" significa não se apresse, enquanto "quem demora muito bebe água suja" o aconselha a não se demorar, não hesitar. A sabedoria está em saber quando se apressar e quando demorar-se, mas você não pode esperar que um deles seja sempre a palavra certa para determinada situação, simplesmente porque transformou os provérbios em promessas.

Foi Salomão quem reuniu provérbios de Israel e de outros lugares para compor o livro de Provérbios. A sabedoria não está restrita ao povo de Deus. Provérbios comuns contêm observações práticas sobre a vida que são úteis até mesmo para os cristãos. A autoria de três livros da Bíblia é atribuída a Salomão – Cântico dos cânticos, Provérbios e Eclesiastes – e se você deseja mergulhar nesses três livros precisa ter em mente a idade de Salomão quando os escreveu. Em Cântico dos cânticos, é evidente que ele é um jovem perdidamente apaixonado, tão dominado pelos pensamentos a respeito dessa jovem que não menciona Deus uma única vez. Ele não é o primeiro jovem a agir dessa forma – deslumbrado com o objeto de sua afeição a ponto de se esquecer de todos os demais, inclusive do próprio Deus. O livro, no entanto, está na Bíblia, e Salomão o escreveu quando era muito jovem.

No livro de Provérbios, contudo, ele está bem diferente. Começa falando: "Meu filho, tome cuidado com as mulheres. Elas são perigosas. Não siga o caminho da mulher insensata". Quantos anos tem Salomão na ocasião? É um homem de meia-idade. Já aprontou bastante. Cometeu as loucuras da juventude, agora tenta impedir seu filho de repetir os mesmos erros. É o que fazem as pessoas de meia-idade. Ouvi, certa vez, uma adolescente perguntar aos pais: "O que vocês aprontavam na minha idade que os deixa tão preocupados comigo?". Creio que seja a pergunta mais devastadora de um adolescente aos pais. Mas ouça Salomão, no livro de Provérbios: "Meu filho, tome cuidado com a mulher insensata. Ela tentará pegá-lo". Quando escreve Provérbios, Salomão é um homem de meia-idade, e nessa fase da vida o discurso das pessoas já não é o mesmo de quando eram jovens.

Então você chega em Eclesiastes e Salomão aconselha: "Lembre-se do seu Criador nos dias da sua juventude, antes que seus dentes sejam poucos, seus olhos fiquem embaçados, suas pernas fraquejem e você não consiga mais ouvir o canto dos pássaros". Qual é a idade de Salomão agora? Trata-se de um homem idoso, refletindo sobre o quanto viveu e tentando desesperadamente impedir que os jovens acabem tão desiludidos quanto ele se sente, pois, ao fim de sua vida, ele desabafa que tudo foi em vão, um grande desperdício. Imagine chegar ao final da sua vida sentindo como se tivesse desperdiçado a única oportunidade que terá de vivê-la. Perceba, entretanto, que ser sábio é aprender a tomar decisões certas, fazer escolhas apropriadas. Você tem apenas uma vida para viver, não terá o dia de hoje novamente, o tempo passa rápido e, quando você chegar à minha idade, o tempo passará ainda mais rápido. Tenho uma teoria a esse respeito: aos 20 anos, um ano era um vigésimo da minha memória;

quando completei 40 anos, um ano era um quadragésimo da minha memória; quando alcancei 60 anos, um ano era um sexagésimo da minha memória; aos 80, um ano é um octogésimo – concluo que é por essa razão que a vida passa mais e mais rapidamente à medida que envelhecemos. Os anos vêm e vão num piscar de olhos. Quer minha teoria esteja correta ou não, é assim que acontece – o tempo passa mais rapidamente à medida que envelhecemos. Talvez você chegue ao final da sua vida cheio de arrependimentos por suas escolhas erradas e pelo tempo desperdiçado – e por isso a frase, no final de Eclesiastes, "Lembre-se do seu Criador". Posso imaginar Salomão tremendo e dizendo aos jovens: "Lembrem-se do seu Criador nos dias da sua juventude antes que as pernas fraquejem e os olhos o desapontem, etc...antes que tudo isso aconteça". Quando jovem, Salomão esqueceu-se do Senhor, e por isso Deus não é mencionado no livro Cântico dos cânticos. Agora ele está alertando os jovens para que não desperdicem sua única oportunidade de vida. E conclui com as palavras: "Tema a Deus e guarde os seus mandamentos". E eu, como velho que sou, quero dizer aos jovens: lembrem-se do seu Criador. Aceitem o conselho de um "velhinho fofinho e simpático", como fui descrito no Twitter!

Estamos observando os livros por sua perspectiva humana e reconstituindo o contexto humano do qual vieram. Essa prática nos ajuda a entender com que objetivo o livro foi escrito e por que ele se distingue de todos os outros. Sempre procure encontrar a história humana por trás do livro.

Tudo que lemos na Bíblia é verdade?
Deixe-me dizer algo que certamente alguém postará no Twitter: na Bíblia há coisas que não correspondem à verdade. Certamente algo para sua reflexão! Imagine o destaque que a frase que terá! Veja alguns exemplos. Um dos versículos do livro de Eclesiastes diz: "Entre mil homens, descobri apenas

um que julgo digno, mas entre as mulheres não achei uma sequer". Isso é verdade? Era verdade para Salomão, pois ele teve 700 esposas e 300 concubinas, e se você trata as mulheres como ele tratou, perde todo o respeito por elas, e essa é a verdade no versículo em questão. Era verdade para ele, mas não considere a verdade de Deus para você.

Um exemplo ainda melhor: o livro de Jó. A maior parte do que lemos em Jó não se aplica a nós. Trata-se de um registro fiel do que Elifaz, Bildade e Zofar, os "consoladores" de Jó, lhe disseram. Os amigos encontraram Jó sentado sobre um monte de cinzas, dominado pela autocomiseração e coberto de úlceras, após ter perdido seus bens e seus filhos. Sua esposa praguejava contra ele, dizendo-lhe que amaldiçoasse a Deus por todas aquelas desgraças, mas ele se recusou a fazê-lo e foi sentar-se em um monte de cinzas. Os três amigos de Jó vieram conversar com ele, repetindo diversas vezes que ele precisava admitir que, para receber tal sofrimento, ele devia ter sido muito mau – um verdadeiro pecador. Não era de se admirar que ele sofresse essa perda: família, trabalho, saúde. Mas os amigos estavam errados! No final do livro de Jó, Deus afirma que eles estavam equivocados. Não era essa a razão do sofrimento de Jó. A verdadeira razão de seu sofrimento era o desafio de Satanás a Deus no céu, dizendo-lhe que Jó era querido por todos simplesmente porque era bom, e se Deus deixasse de abençoá-lo, todos o amaldiçoariam. Deus respondeu: "Prove". Satanás, então, lançou sobre Jó tudo o que tinha na tentativa de fazê-lo amaldiçoar a Deus e perder sua fé, mas Jó recusou-se a perder sua fé. Firmou-se ainda mais nela, embora todos os seus amigos o aconselhassem a confessar seus pecados para que Deus o abençoasse novamente.

Na realidade, ao final do livro, Deus fala diretamente a Jó e lhe diz algo muito inusitado. Diante da profunda depressão de Jó, Deus lhe diz: "Quando estiver deprimido, medite sobre o hipopótamo". Um conselho fascinante, não acha? Tente fazê-lo na próxima vez que estiver deprimido e preocupado – apenas pense no hipopótamo. Bem, o conselho curou Jó de sua depressão. Quero dizer, o hipopótamo é um animal tão ridículo – como Deus poderia ter criado algo tão tolo? Mas, ao meditar dessa forma, você se alegra, e foi o que Jó fez: "Senhor, perdoe-me por ter duvidado. Perdoe-me por ter murmurado. Perdoe-me por ter me queixado". Então Deus o abençoou novamente com outra família, outro trabalho, e Jó tornou-se rico e próspero. É uma história incrível, mas cada um daqueles consoladores, os tais amigos, lhe oferecia conselho que não era verdadeiro. Estavam certos de que Jó havia pecado mais do que qualquer outro para merecer tal castigo, no entanto era tudo consequência de um acordo feito no céu, não na terra. O diabo disse a Deus: "As pessoas só creem no Senhor porque são abençoadas; remova as bênçãos e elas o amaldiçoarão". Satanás estava errado. Jó não agiu segundo o plano de Satanás, e a soberania de Deus foi vindicada. E porque Jó se tornou um exemplo de quem ama a Deus pelo que ele é, e não pelas bênçãos que ele concede, no final do livro, Deus o abençoa infinitamente mais. É uma linda história. Trata-se de um dos mais antigos livros da Bíblia, provavelmente escrito na época de Abraão. Quando você sentir que a vida é injusta e que Deus não tem sido justo, leia o livro de Jó e medite sobre o hipopótamo.

No meio do Antigo Testamento, então, você encontra os livros de Reis e Crônicas, que cobrem a mesma história de Israel. E chegando ao Novo Testamento, há quatro Evangelhos – Mateus, Marcos, Lucas e João – que relatam a vida de Jesus. Por que quatro Evangelhos?

As repetições têm um propósito
Essas repetições existem por uma razão. Veja, por exemplo, a sobreposição dos livros de Reis e Crônicas. O livro de

Reis teve como autor um profeta e o livro de Crônicas, um sacerdote. Um foi escrito antes de o povo ser levado ao exílio na Babilônia e o outro foi escrito após o exílio, por isso as diferenças. Quando o profeta escreveu a história de Israel, contou ao povo tudo o que Israel havia feito de errado para merecer o exílio, bem como a razão pela qual Deus os havia punido. Lemos ali, portanto, sobre o sórdido envolvimento entre Davi e Bate-Seba e sobre todos os reis maus de Israel. Ao descrever a mesma história, contudo, o autor de Crônicas destaca os pontos positivos de Israel; toda uma geração havia morrido durante o exílio e, por causa dessa lacuna, três elementos corriam o risco de se perder para sempre e precisavam ser recuperados.

Em primeiro lugar, o povo precisava recuperar seu senso de *família*. Era necessário que eles conhecessem suas raízes, toda a sua genealogia desde Adão até aquela época, por isso os frequentes "fulano gerou sicrano" dos primeiros capítulos de Crônicas. É extremamente positivo conhecer as próprias raízes. Certo americano de origem africana escreveu um livro chamado *Raízes,* que também foi transformado em filme. Nesse livro, o autor investigou suas raízes africanas. Quando descobrimos nossas raízes e nossa origem, encontramos nossa identidade. No retorno do exílio, a primeira coisa que o povo precisava conhecer eram suas raízes. Isso explica os seis primeiros capítulos de Crônicas, repletos de nomes que não se encontram no livro de Reis, embora cubra o mesmo período.

Outro elemento que precisavam recuperar era sua *realeza*. Até ser enviado ao exílio, o povo de Israel era governado por um rei, e a linhagem real de Davi agora precisava ser resgatada. Crônicas revela onde essa linhagem se encontra agora, para que o povo deseje novamente um rei.

O terceiro elemento que realmente precisavam reencontrar era sua *religião*. Por isso, Crônicas nos conta a história religiosa de Israel. Trata-se do mesmo período histórico de Reis, porém com um propósito bastante diferente. Agora, quando você ler esses dois livros, não perguntará por que ambos cobrem a mesma história. O ponto-chave da sobreposição, até mesmo da que ocorre nos quatro Evangelhos, são os pontos de vista totalmente distintos de cada livro.

Por que há quatro Evangelhos na Bíblia?
Há informações repetidas em pelo menos três dos quatro Evangelhos e talvez você questione a razão disso. Por que Deus não poderia nos dar apenas um Evangelho que contasse a história de Jesus de uma só vez? Já tentaram reunir os quatro Evangelhos em uma única história. É uma tarefa bastante difícil. A primeira tentativa ocorreu há mil anos. Depois disso, certo romancista da minha cidade, na Inglaterra, também tentou. Ele escreveu muitos romances policiais, mas o livro de sua autoria chamado *The Four Gospels in One Story* [Os quatro Evangelhos em uma única história] revela-se uma grande confusão. A razão de haver quatro Evangelhos é que cada um deles retrata Jesus de um ângulo diferente – e podemos ter uma imagem mais completa de uma pessoa quando observamos aspectos distintos de seu caráter ou de sua atividade. De modo geral, Mateus apresenta Jesus como Rei dos judeus, Marcos o revela como Filho do homem, Lucas retrata Jesus como o Salvador do mundo e João o mostra como Filho de Deus. Com isso temos uma bela e completa imagem de Jesus em, pelo menos, quatro de suas funções.

Mas não é só isso. Mateus, Marcos e Lucas são chamados Evangelhos sinópticos, sendo que o termo "sinóptico" é formado pelas palavras gregas *sin*, que significa "com", e *optis*, que quer dizer "ver" ou "vista". Os Evangelhos sinópticos olham para Jesus por uma perspectiva semelhante e o observam de fora, enquanto o Evangelho de João vê o interior de Jesus. Essa é a principal razão de a narrativa de João ser tão diferente das demais.

Agora, portanto, você pode ler os quatro Evangelhos de outra maneira, mas ainda vou lhe dizer mais. Dois dos quatro Evangelhos foram escritos para incrédulos e os outros dois, para crentes. Entre os dois Evangelhos escritos para crentes, um foi escrito para novos crentes e o outro foi escrito para crentes maduros. Sabe quais são? Cuidado para não oferecer o Evangelho errado a um incrédulo. Quais são os dois Evangelhos escritos para incrédulos? Marcos e Lucas. Marcos lhes conta o que Jesus *fez*, e Lucas, somando-se a Marcos, fala do que Jesus *disse*. João vem ao final falando sobre quem *era* Jesus!

Após a morte de uma figura conhecida, costuma surgir uma série de obras e publicações a seu respeito que se dividem em três estágios. O primeiro é a publicação do obituário, que simplesmente conta o que a pessoa fez na vida. Desperta-se então o interesse pelo que essa pessoa disse, e seus discursos e cartas são publicados. O terceiro estágio é quando alguém escreve um livro, aprofundando-se no caráter do indivíduo e contando-nos com conhecimento de causa quem, de fato, ele era. Essa progressão é percebida nos quatro Evangelhos. Marcos nos fala sobre as ações de Jesus, Mateus e Lucas acrescentam o que Jesus disse e então João nos conta sobre a pessoa de Jesus – o olhar maduro que encontramos no Evangelho de João, o último a ser escrito.

O Evangelho de Mateus foi escrito para novos convertidos e o de João, para crentes maduros. A mesma parábola encontrada em Evangelhos diferentes transmite mensagens distintas. Veja, por exemplo, a parábola da ovelha perdida. Nós a lemos em Mateus e em Lucas, porém em Lucas, a ovelha pedida representa um incrédulo perdido que precisa ser encontrado, enquanto em Mateus, trata-se de um crente afastado que precisa ser trazido de volta. Em Lucas, o ponto central da parábola do grande banquete é que os incrédulos sejam convidados a vir e tomar seu lugar à mesa, enquanto em Mateus a ênfase está no homem que não trocou as vestes e foi expulso da festa no final: "Pois muitos são chamados, mas poucos são escolhidos". Perceba, portanto, que a mesma parábola contada por Jesus em mais de uma ocasião tem mensagens diferentes, pois os livros em que aparecem são destinados a públicos distintos.

Mateus, é claro, não tinha como alvo somente os novos crentes gentios, mas novos crentes *judeus* e, por essa razão, tem uma abordagem específica para eles. São quatro Evangelhos, portanto, todos diferentes entre si, e você só entenderá o que lê em cada um deles quando souber para quem e por que foram escritos. Esse Evangelho, então, lhe fará muito mais sentido.

Cartas na Bíblia
Vamos voltar nossa atenção para outro tipo de livro, entre os vários tipos encontrados na Bíblia: cânticos, históricos, leis e cartas. Quando você lê uma carta, depara-se com um problema: você desconhece a situação ou o problema que a carta se propõe a tratar. Vou usar os telefones celulares como ilustração. Já lhe aconteceu de ouvir uma voz atrás de você e, ao se virar para olhar, perceber que a pessoa está falando ao celular? Ou dentro de um ônibus ou trem, próximo a alguém ao telefone, quando você escuta somente um lado da conversa e sua mente tenta deduzir o que está acontecendo do outro lado? Já passou por essa experiência? Vamos imaginar: "Alô? Chegou em casa? Parabéns! Quantos quilos? De que cor? É gasolina ou álcool?". Está percebendo? Seu cérebro estava tentando deduzir o que a outra pessoa estava dizendo e ela não se referia a um bebê, embora eu tenha certeza de que foi o que você imaginou. Quando lemos uma carta escrita por Paulo, não sabemos o que acontecia do outro lado. Precisamos supor a situação com base na leitura da carta. Geralmente, havia algum problema – Paulo não escrevia

cartas a menos que houvesse algo a tratar. Desse modo, ao ler uma carta, você deve indagar o que está acontecendo do outro lado. Que situação a carta se propõe a tratar? Toda correspondência refere-se a uma situação específica. O autor fala sobre o que está ocorrendo do outro lado. É assim que você lê uma carta. Não podemos lê-la da mesma forma como lemos um livro da lei, histórico ou de canções. Com um livro de músicas, nós cantamos – é a melhor forma de lê-lo. Cante uma canção enquanto lê um salmo, por exemplo.

Leia um livro da Bíblia de cada vez
O que estou querendo lhe dizer até agora é que cada livro bíblico é único e você deve ler um livro completo da Bíblia de cada vez. Foi por esse motivo que escrevi *A Chave para Entender a Bíblia*, para ajudar outros a fazer exatamente isso. Meu conselho é que você não tente ler a Bíblia de capa a capa. Em vez disso, procure o capítulo do meu livro que corresponde ao livro da Bíblia que pretende estudar, leia esse livro da Bíblia do começo ao fim e, em seguida, estude cada trecho específico; não siga a ordem inversa. É grande o número de pessoas que primeiro leem pequenos trechos e, por último, todo o livro – ou que nem mesmo chegam a ler o livro inteiro. Se você ler trechos curtos jamais entenderá a mensagem da Bíblia. Pode obter algum benefício devocional pessoal, mas se deseja estudar a Bíblia, precisa fazê-lo lendo um livro completo de cada vez.

Por que estudar a palavra de Deus?
Quero falar agora da razão pela qual Deus deseja que você estude a sua palavra. Por que fazemos isso? É uma questão de motivação – devemos ter uma boa razão, pois o processo vai levar algum tempo. Conheci um homem de negócios neozelandês, que passou a acordar uma hora antes do horário de costume e percebeu que ficaria bem com uma hora a

menos de sono. Seu propósito era estudar a Bíblia todas as manhãs durante uma hora. Tornou-se um homem de Deus conhecido em todo o mundo: Bill Subritzky. Ele jamais seria mundialmente conhecido como um servo de Deus se não tivesse decidido levantar-se uma hora mais cedo para ler sua Bíblia. Mas ele estava motivado para fazê-lo, era seu *desejo*. Por que era esse seu desejo? Qual a importância de conhecer sua Bíblia? Bem, a Bíblia não o tornará inteligente ou rico, portanto não a leia com um desses objetivos em mente. O estudo da Bíblia pode torná-lo uma pessoa sábia. Você quer ser sábio? Então esse é o livro que deve estudar. Se seu desejo é ser inteligente, procure outro livro na biblioteca. Se quer ficar rico, há diversas publicações sobre o tema. Mas se está em busca de sabedoria, então a Bíblia é o livro certo. Por quê? Porque ser sábio é fazer a escolha certa, tomar a melhor decisão a cada estágio de sua vida, para que nenhum momento seja perdido. Portanto, leia a Bíblia, e você não chegará ao final de sua vida cheio de arrependimento por tê-la desperdiçado e por tudo que sua vida poderia ter sido.

Como a Bíblia o torna sábio
Mas como a Bíblia consegue torná-lo sábio? A resposta é muito simples: nesse livro você encontrará a verdade – a respeito de si mesmo, a respeito de Deus e a respeito do mundo em que vivemos – e a verdade traz sabedoria. Quando você conhecer a verdade sobre essas três questões vitais, quando firmar-se nela para agir e tomar as decisões corretas, viverá com sabedoria e chegará ao final da vida com poucos arrependimentos. Aprender a verdade a respeito de si mesmo não é algo agradável. Uma querida senhora me disse certa vez: "Não leio minha Bíblia; é minha Bíblia que me lê". Entendi exatamente o que ela quis dizer. Outra pessoa afirmou: "Cada mensagem da Bíblia tem meu nome escrito". Mais uma vez, eu sabia o significado dessas palavras.

Quando você se aprofunda na Bíblia, ela própria afirma que é como olhar no espelho e ver seu verdadeiro reflexo. Muitos têm uma ideia equivocada a respeito de si mesmos. Alguns sofrem com um complexo de inferioridade – sentem-se menos dignos do que todos os outros. Um número maior de pessoas tem um complexo de superioridade – uma visão muito elevada de si mesmas. Uma visão excessivamente inferior ou superior de si mesmo pode ser algo terrivelmente perigoso. É irreal e indica que você não aceita a si próprio como realmente é.

A Bíblia, contudo, nos revela a verdade sobre nós mesmos. Nem sempre é agradável, mas é profundamente proveitoso saber o que realmente somos. Se somos incapazes de enxergar a nós mesmos como pecadores, basta que leiamos a Bíblia para descobrir quem realmente somos. Ela não nos mostra, todavia, apenas o que somos, mas também o que podemos ser. Alguns acreditam que a Bíblia nos fale apenas o que devemos ser. Isso acontece também, mas apenas como uma forma de nos dizer o que podemos ser. É maravilhoso perceber quem e o que realmente somos, em seguida descobrir o que devemos ser, e então, receber a boa notícia: que podemos ser assim. Percebemos que Deus planejou para nós a vida que ele deseja que tenhamos, e ela servirá a nós somente, a mais ninguém. Jamais tente ser como outra pessoa. Seja você mesmo em Cristo. Seja o que ele planejou e terá uma vida plena, como lhe condiz. Encontrar a verdade a respeito de si mesmo, a verdade de quem você é, a verdade do que deveria ser e a verdade do que pode ser em Cristo é uma descoberta maravilhosa e crucial para desfrutar ao máximo da vida, mesmo que seja um pouco assustador a princípio.

O segredo da sabedoria, segundo os gregos antigos, era "conhecer a si mesmo". Mas quem de nós pode conhecer a si mesmo com exatidão? Uma visão que não é superior ou inferior, mas apenas correta – conhecer a nós mesmos como realmente somos, como devemos ser e como podemos ser. Somente nossa Bíblia nos dirá.

Acima de tudo, a Bíblia nos conta a verdade a respeito de Deus. Somente se você ler toda a Bíblia descobrirá como ele realmente é. Lendo pequenos trechos apenas, você terá uma visão distorcida de Deus, pois selecionará o que aprecia, ignorando o restante. O Deus da Bíblia é o Deus que ama e odeia; é o Deus que cura e mata; é o Deus que abençoa e amaldiçoa. No entanto, nenhum desses seus atos é arbitrário. Com Deus não há sorte ou azar. Ele assim age porque é justo, constante em seu caráter, e você precisa conhecê-lo não como imagina que ele seja ou como gostaria que ele fosse, mas como ele *realmente* é! E há somente um livro que pode lhe dar a plena e equilibrada verdade a respeito de Deus.

A Bíblia lhe dirá a verdade de como relacionar-se com Deus e como tornar-se seu filho ou filha. Somente a Bíblia pode lhe contar tudo isso. É por essa razão que lemos em uma carta do Novo Testamento: "As sagradas letras são capazes de torná-lo sábio para a salvação". A Bíblia pode lhe dizer como ser salvo de si mesmo, que grande glória e alegria! À medida que ler o Antigo e o Novo Testamento, você conseguirá visualizar esse Deus e saberá como ele realmente é. Poderá conhecer seus pensamentos – sua forma de pensar; o que ele pensa a seu respeito, como vê o mundo. Você poderá conhecer os sentimentos de Deus. Sabia que Deus também tem sentimentos? Sabia que, hoje mesmo, cada um de nós trouxe alegria, tristeza ou ira a Deus? Sabe como Deus se sente a seu respeito? O que ele sente a seu respeito tem muito mais importância do que seus sentimentos a respeito dele, porque seu futuro depende disso. Nossas ações tocam as emoções de Deus e a Bíblia está repleta de seus sentimentos.

Deus se arrepende, fica desapontado ou feliz, assobia e canta – lemos sobre tudo isso na Bíblia. Quando ele se alegra conosco, ele canta. É algo para se refletir! Já pensou nisso? Estamos tão ocupados cantando para Deus que nos esquecemos de que ele canta a nosso respeito. Além dos sentimentos de Deus, também encontramos na Bíblia suas intenções e sua vontade, e se você deseja desfrutar ao máximo da vida que ele concedeu – e que passa num piscar de olhos – é essencial que conheça a vontade de Deus para sua vida e que seja obediente. Quando conhecemos os pensamentos, os sentimentos e a vontade de uma pessoa, nós a conhecemos de fato! Conhecer a Deus é uma rica experiência, e a principal razão para termos sido criados é esta: que o busquemos, o encontremos e o conheçamos. A Bíblia nos conta a verdade a respeito de Deus, mas além disso, ela nos fala a verdade sobre este mundo: de onde ele surgiu, por que foi criado, por que estamos aqui, qual será seu futuro, como será o fim da história. Não há outro livro que nos ofereça essas informações. A Bíblia conta como tudo vai terminar – fala de um novo início do qual você poderá participar. Não é maravilhoso? Em outras palavras, você aprende a ter uma visão da vida de longo prazo. Ter uma visão de curto prazo é concentrar-se no que é possível fazer hoje para nossa própria satisfação. Uma visão de longo prazo é considerar que minhas ações hoje afetarão o futuro. É sábio preparar-se para o futuro. É tolice não pensar a respeito dele. Viver para o dia de hoje é o ponto central do existencialismo – viver para o agora é tolice, extrema tolice; viver para o amanhã e para o futuro indica sabedoria.

A Bíblia, portanto, nos fala sobre nosso mundo, de onde ele surgiu e para onde irá, e nos oferece um lugar, não somente hoje, mas no futuro eterno. O local e a forma como viveremos no futuro dependem da maneira como nos conduzimos no presente. Assim que você se dá conta disso, passa a ter uma visão de longo prazo. A Bíblia afirma que pecado é sinônimo de prazer – temporário! Não durará para sempre. Nada mais resistirá. A única coisa que você pode levar para o futuro é o seu caráter, e é nele que Deus tem interesse, pois ele deseja que você seja sábio e que, firmado nele, desenvolva o caráter que ele planejou, o caráter que, nos seus melhores momentos, creio que você também anseie ter. Essa é a razão pela qual você deve estudar a Bíblia.

Lembre-se também de que, da mesma forma como Deus expressa seus pensamentos e sentimentos, suas intenções e sua vontade, você também precisa reagir a essa palavra. Deus está dizendo: "Não quero que você apenas pense a respeito da Bíblia ou que a sinta somente (embora eu creia que *sentir* a Bíblia esteja um passo à frente – alguns *pensam* na Bíblia, mas quando você a sente, quando ela finalmente toca suas emoções, trata-se, de fato, de um passo adiante). No fim, contudo, os que *agem* conforme a Bíblia e que obedecem à vontade de Deus revelada em sua palavra são os que realmente farão progresso. Entenda que a Bíblia é como um espelho, e se você fitar a si mesmo e afirmar: "Não gosto do que vejo" e afastar-se, tudo terá sido um grande desperdício de tempo. Tiago diz que quando olhamos a palavra de Deus enxergamos a nós mesmos, portanto seja *praticante* da palavra e não somente ouvinte. A Bíblia é o manual de instruções que Deus nos oferece para que desfrutemos ao máximo da vida que ele nos deu.

Obrigado, Senhor, por nos dar esse Livro de instruções e nos revelar o que podemos ser, o que devemos ser e o que, em Cristo, de fato seremos. Amém.

SOBRE DAVID PAWSON

Conferencista e escritor com inabalável fidelidade às Sagradas Escrituras, David traz clareza e uma mensagem de urgência aos cristãos para que descubram tesouros escondidos da Palavra de Deus.

Nascido na Inglaterra em 1930, David iniciou sua carreira com formação em Agronomia pela Universidade de Durham. Quando Deus interveio e o chamou para que se tornasse Pastor, ele concluiu o Mestrado em Teologia pela Universidade de Cambridge, e, durante três anos, serviu como capelão na Força Aérea Real. Passou então a pastorear várias igrejas, entre elas o Centro Millmead, em Guildford, que se tornou um modelo para muitos líderes de igrejas do Reino Unido. Em 1979, o Senhor o conduziu a um ministério internacional. Atualmente, seu ministério itinerante é predominantemente para líderes de igrejas. David e sua esposa, Enid, moram hoje no condado de Hampshire, no Reino Unido.

Ao longo dos anos, ele escreveu um grande número de livros, publicações e notas diárias de leitura. Suas extensas e muito acessíveis análises dos livros da Bíblia foram gravadas e publicadas em "Unlocking the Bible" (A Chave para Entender a Bíblia). Milhões de cópias de seu material de ensino têm sido distribuídas em mais de 120 países, oferecendo sólido embasamento bíblico.

Ele é considerado o "pregador ocidental mais influente na China" graças à transmissão de sua bem-sucedida série "Unlocking the Bible" a todas as províncias da China, através da God TV. No Reino Unido, os ensinos de David são transmitidos com frequência pela Revelation TV.

Incontáveis fiéis em todo o mundo também se beneficiaram de sua generosa decisão, em 2011, de disponibilizar sua extensa biblioteca audiovisual, sem custo algum, em: **www.davidpawson.org**. Recentemente, todos os vídeos de David foram carregados em um canal específico em: **www.youtube.com**

SÉRIE A BÍBLIA EXPLICA
VERDADES BÍBLICAS APRESENTADAS DE FORMA SIMPLES

Se você foi abençoado com a leitura deste livro, saiba que outros títulos da série estão disponíveis. Acesse **www.aBibliaexplica.com** e inscreva-se para baixar mais livros gratuitos.

A série A Bíblia Explica inclui:
A Fascinante História de Jesus
A Ressurreição: O ponto central do cristianismo
Como Estudar a Bíblia
A Unção e o Enchimento do Espírito Santo
O Batismo no Novo Testamento
Como Estudar um Livro da Bíblia: Judas
Os principais passos para se tornar um cristão
O que a Bíblia diz sobre: Dinheiro
O que a Bíblia diz sobre: Trabalho
Graça: Favor imerecido, Força irresistível ou Perdão incondicional?
Seguro para sempre? O que a Bíblia diz sobre: Salvação
O Fim dos Tempos
Três textos geralmente usados fora do contexto: Explicando a verdade e expondo o erro
A Trindade
A Verdade sobre o Natal

Você também pode adquirir cópias impressas em:
Amazon ou **www.thebookdepository.com**

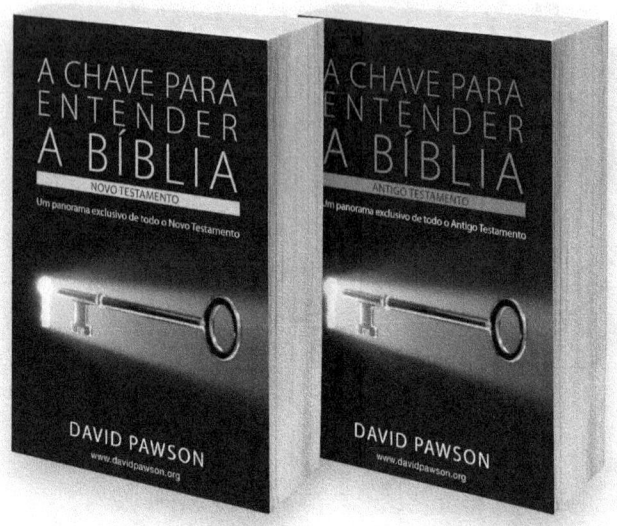

A CHAVE PARA ENTENDER A BÍBLIA

Um panorama exclusivo do Antigo e do Novo Testamento, nas palavras de David Pawson – conferencista e escritor evangélico, reconhecido internacionalmente. "*A Chave para Entender a Bíblia*" elucida a palavra de Deus de maneira inovadora e poderosa. Em uma clara distinção aos tradicionais estudos e comentários bíblicos que tratam versículo por versículo, este livro apresenta a história épica do relacionamento entre Deus e seu povo, em Israel. A cultura, o contexto histórico e os personagens são apresentados e os ensinamentos são aplicados ao mundo contemporâneo. Oito volumes foram compilados nesta edição abrangente, compacta e fácil de usar, com tópicos que cobrem o Antigo e o Novo Testamento.

Do Antigo Testamento: As Instruções do Criador – Os Cinco Livros da Lei; Uma Terra e um Reino – Josué, Juízes, Rute e 1 e 2 Samuel, 1 e 2 Reis; Poemas de Louvor e Sabedoria – Salmos, Cântico dos cânticos, Provérbios, Eclesiastes, Jó; Declínio e Queda de um Império – Isaías, Jeremias e outros profetas; A Luta pela Sobrevivência – Crônicas e os profetas do exílio.

Do Novo Testamento: O Eixo da História – Mateus, Marcos, Lucas, João e Atos; O Décimo Terceiro Apóstolo – Paulo e suas cartas; Do Sofrimento à Glória – Apocalipse, Hebreus, as cartas de Tiago, Pedro e Judas.

Este livro é um best-seller internacional.

OUTROS MATERIAIS DE ENSINO
DE DAVID PAWSON

Para acessar a lista atualizada com os títulos de David Pawson, visite:
www.davidpawsonbooks.com

Para comprar os materiais de ensino de David Pawson, acesse a página:
www.davidpawson.com

www.ingramcontent.com/pod-product-compliance
Lightning Source LLC
Chambersburg PA
CBHW071506080526
44587CB00016B/2714